# Short Stories in German for Beginners

# Kids!

...A Special Learn German For Beginners Book To Learn German With Stories (Learn German For Kids) Volume 1!

**By**

# Amyas Andrea

# COPYRIGHT NOTICE

# Table Of Content

# EINFÜHRUNG

Willkommen zu diesen ungewöhnlichen drei erstaunlichen Geschichten.

Sie werden feststellen, dass die Geschichten sehr interaktiv, informativ und lehrreich für die richtige Charakterbildung eines sich entwickelnden Kindes sind.

Am Ende jeder Geschichte habe ich eine Zusammenfassung… ja, Sie werden ein Wort aus Gottes Wort finden (die Bibel) die Moral der Geschichte zusammenfassen. Anschließend werden Fragen gestellt, um das Verständnis des Kindes für die Geschichte zu testen.

Glauben Sie mir, wenn ich sage, dass Sie so etwas noch nie gelesen haben. In der Tat ist Ihr Kind dabei, eine andere Perspektive als ein siegreiches Leben zu erleben.

Holen Sie sich gleich eine Kopie und genießen Sie!

# DER ARME MANN UND SEINE SCHÖNE TOCHTER

Es war einmal ein sehr reicher Mann, der war sehr alt und hässlich.

Eines Tages kam der sehr arme Mann, der eine sehr schöne Tochter hat, zu dem sehr alten und hässlichen reichen Mann, um etwas zu essen.

Der sehr alte und hässliche reiche Mann gab dem armen Mann etwas zu essen, aber er wollte dafür die junge und schöne Tochter des sehr armen Mannes heiraten.

Das machte den sehr armen Mann so traurig.

Deshalb musste er das Essen
ablehnen, weil er wollte, dass seine
Tochter aufs College ging und einen
guten Job bekam, damit sie reich sein
und sich gut um ihn kümmern konnte.

Der reiche und hässliche alte
Mann machte dem armen Mann

jedoch täglich andere Vorschläge, weil
er unbedingt die Hand seiner Tochter
in der Ehe haben wollte. Aber der
arme alte Mann lehnte alle seine
Vorschläge ab.

Eines Tages kam der sehr arme
Mann an der Farm des reichen Mannes
vorbei und der reiche Mann
beschuldigte den armen Mann
plötzlich, versucht zu haben, seine
Ernte zu stehlen.

Bevor der arme Mann sich erklären konnte, hatte sich eine Menge Leute versammelt und sie wollten ihn zu Brei schlagen, bevor der reiche Mann ihnen sagte, er würde die Sache gerne ganz alleine erledigen.

Und weil er reich und alt ist, zerstreute sich die Menge in dem Glauben, dass der alte Mann klug genug sein sollte, auf sich selbst aufzupassen...

Der hässliche, alte und sehr reiche Mann machte daraufhin den Vorschlag, eine leere Schachtel mitzubringen und Ja auf ein Stück Papier und Nein auf ein anderes Stück Papier zu schreiben, und der arme Mann würde mit seiner kommen schöne Tochter, um einen der Zettel aus einer Schachtel.

Wenn die Tochter Ja wählt, würde er die Tochter heiraten und den armen Mann vom Haken lassen, aber wenn die Tochter Nein wählt, würde er dem armen Mann die Hälfte seines Vermögens geben und ihn und seine Tochter in Ruhe lassen.

Also stimmte der arme Mann zu und ging nach Hause, um seine schöne Tochter mitzubringen, obwohl er große Angst hatte, weil er nicht wollte, dass seine Tochter jemals mit diesem sehr alten und hässlichen reichen Mann verheiratet wurde, der auch ein Betrüger ist.

An der Stelle des reichen, hässlichen, alten Mannes mit seiner Tochter nahm der reiche, hässliche, alte Mann ein Stück Papier und schrieb Ja, er nahm auch ein anderes Stück Papier und schrieb Ja anstelle von Nein.

Leider für den reichen, hässlichen, alten Mann wusste er nicht, dass die Tochter des armen Mannes lesen konnte, weil er ziemlich sicher war, dass der arme Mann nicht lesen konnte, da er nicht zur Schule ging und er auch teilweise blind ist.

Dem armen Mann und seiner hübschen Tochter unbekannt, hatte der reiche, alte und hässliche Mann eine Menge Leute bezahlt, um seinen Heiratsantrag an die schöne Tochter des armen Mannes zu bezeugen.

Bevor sie wussten, was los war, pfiff der alte, hässliche Mann und die Menge kam herein, um zu sehen, wie das hübsche Mädchen einen der Zettel aus der Schachtel holte. Als sie auf die Kiste zuging, sagte der reiche, hässliche alte Mann: „Denk dran, wenn du Ja wählst, wirst du automatisch meine Frau. Wenn du Nein wählst, werde ich deinen armen blinden Vater bereichern und dich gehen lassen. Den Preis, den dein Vater dafür zahlen muss, dass er versucht, mich zu bestehlen.

Das schöne Mädchen begann in ihrem Herzen zu Gott zu beten, weil sie wusste, dass der hässliche alte Mann ihren Vater zu Unrecht beschuldigt hatte und er auch zwei Ja-Antworten in die Schachtel gegeben hatte.

*Nun lassen Sie mich an dieser Stelle eine Frage stellen: Wenn Sie das schöne Mädchen wären, was werden Sie tun?*

Wie auch immer, das Mädchen nahm einfach ein Stück Papier aus der Schachtel vor der Menge und warf es durch das Fenster!

Die ahnungslose Menge war schockiert über die Handlungen des schönen Mädchens.

Bevor der alte Mann protestieren konnte, sah das schöne Mädchen die Menge an und sagte, dass sie das Papier aus dem Fenster warf, damit der Wind es wegtrage, weil sie den

Gedanken nicht ertragen konnte, ihren Vater alleine zu lassen.

Sie erklärte weiter, dass sie weiß, dass sie entweder ein "Ja" oder ein "Nein" gewählt hat, da dies die beiden Optionen in der Box waren.

Dann bat sie den reichen, hässlichen und sehr alten Mann, der Menge zu zeigen, was auf dem in der Schachtel verbliebenen Papier steht, und zu sagen, wenn es ein "Ja" ist, muss sie ein "Nein" gewählt haben, und wenn es ist ein "nein", dann muss sie ein "ja" gewählt haben.

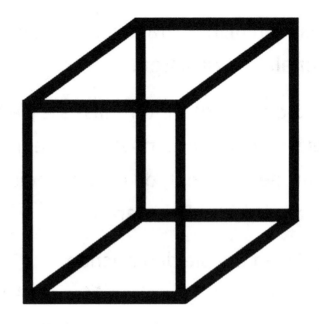

Als er das hörte, senkte der sehr alte und hässliche reiche Mann den Kopf in dem Wissen, dass er auf beide Zettel ein "Ja" geschrieben hatte und dass das sehr junge schöne Mädchen ihn dumm aussehen ließ.

Ja, Ihre Vermutung ist so gut wie meine, der reiche, sehr alte und hässliche Mann hatte keine andere Wahl, als dem armen Mann die Hälfte seines Vermögens zu geben und seine Tochter in Ruhe zu lassen, wie es die Menge der Menschen versprochen und bezeugt.

Unterdessen applaudierte die Menge ihm, dass er in der Tat ein fairer und großzügiger Mann sei und nicht wisse, was er getan habe.

Denken Sie immer daran, dass das Wort Gottes sagt: Weisheit ist das

Wichtigste; darum erhalte Weisheit. Und bei allem, was du bekommst, werde verständnisvoll. Sprüche 4: 7

Hätte das schöne junge Mädchen nicht gelernt, Gott anzurufen, wäre sie dazu verleitet worden, diesen schlauen alten Mann zu heiraten, der bereits vor dem Spiel betrogen hatte.

# Frage:

1. Wie werden Sie den sehr alten und hässlichen reichen Mann beschreiben??

2. Glauben Sie, der arme Mann hatte Unrecht, den sehr alten und hässlichen reichen Mann um Hilfe zu bitten??

3. Wie würdest du das sehr schöne Mädchen beschreiben??

4. Was glaubst du, wer hat das sehr schöne Mädchen davor bewahrt, den sehr hässlichen alten Mann zu heiraten?

5. Wie kann Weisheit erlangt werden?

## Der Jäger und der Hund

Es war einmal ein tapferer Jäger namens Polycap, er war der einzige, der in den dichten Wald gehen und lebend herauskommen konnte, ohne mit leeren Händen zu sein, er würde nicht einmal zerkratzt oder verletzt werden.

Es kam ein Tag, an dem Polycap keine Lust hatte, in den dichten Wald zu gehen, sondern in den normalen Busch.

Als er dort ankam, suchte und suchte er nach Tieren, konnte aber keine finden. Dann sah er einen Hund und seine Familie spazieren, er wollte sie töten, bevor der Hund sprach, "Ah, bitte töte mich und meine Familie nicht, bitte erbarme dich.

In der Tat, wenn Sie die Häuser der anderen Tiere kennenlernen wollen, bin ich bereit, Sie dorthin zu bringen ", sagte der Hund.

Polycap war von dieser Idee begeistert und beschloss, eine Vereinbarung mit dem Hund zu treffen.

Er sagte: "Okay, kluger Kerl, bring mich hin und ich werde dich oder eines deiner Familienmitglieder nicht töten".

Eine ihnen unbekannte Taube lauschte jedoch ihrer Unterhaltung; er wusste, dass der Hund sie (die Tiere) verraten hatte, es flog schnell, um die anderen Tiere zu warnen. Aber sie alle verstanden, dass der Hund sie leicht riechen und diesen Geruch nutzen kann, um sie zu lokalisieren.

Der Hund kennt auch die Form ihrer Füße und konnte ihre Schritte verfolgen, wohin sie gingen, Also gaben sie alle die Suche nach einem guten Versteck auf.

Aber die Vögel konnten ihre eigenen Schritte zurücklegen, zumindest wenn sie wegflogen, würde der Jäger sie nicht töten können, aber der Hund belauschte sie.

Die Antilopen sagten, dass sie in den Norden gingen, das Zebra und das Reh gingen in den Süden des Busches, während die anderen ihre Plätze im östlichen und westlichen Teil des Busches fanden.

Als sie ihre Gespräche beendet hatten, rannte der Hund zum Haus des Jägers, damit er nicht von den anderen Tieren gefangen wurde.

Von diesem Tag an gingen der Jäger und der Hund auf die Jagd und der Jäger hielt sein Versprechen und der Hund ließ ihn bis zu einem Tag nicht im Stich.

Alle anderen Tiere sagten: "Wir müssen diesen Morden ein Ende setzen."

Deshalb gingen sie zum König Löwen, um ihnen zu helfen, den Hund und seine Familie zu beschwören.

König Löwe rief dann den Hund, aber der Hund zeigte sich nicht. König

Löwe war so wütend, die Schildkröte
sagte: "Lassen Sie uns eine Falle für ihn
machen. Wir werden einen Knochen in
ein Netz stecken und das Netz mit
Blättern bedecken, damit der Hund
den Knochen frisst, wenn er, Die Vögel
ziehen das Netz und tragen ihn zu
uns."

Sie alle waren sich einig und
begannen, das Netz aufzubauen.

Als sie fertig waren, steckte die Schildkröte einen Knochen hinein und alle taten, was die Schildkröte gesagt hatte.

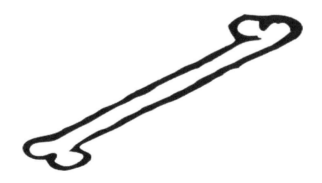

Als der Hund ins Netz gekommen war, brachten sie ihn zu König Löwe und König Löwe sagte: "Warum hast du deine Mittiere verraten?"?

Der Hund antwortete und sagte: "Ich habe es getan, weil ich nicht getötet werden wollte.".

Der Löwe bat ihn dann, ihnen zu sagen, wo der Jäger wohnt, aber der Hund behauptete, er wisse es nicht.

Also sagte die Schildkröte, sie sollten dem Jäger eine Falle stellen. Er sagte, dass sie eine gefälschte Antilope in ein Netz stecken sollten, damit sie herunterfällt, wenn der Jäger darauf schießt, während der Jäger sie tragen will. Das Netz wird reißen und die Vögel werden ihn zu uns tragen.

Also machten sie eine falsche Antilope und ein Netz. Als sie fertig waren, taten sie, was die Schildkröte sagte. Als der Jäger die Antilope sah, ahnte er es, weil die Antilope ihn sah, sich aber nicht bewegte. Der Jäger schoss darauf.

Um seinen Verdacht zu
bestätigen, als er darauf schoss, trat
kein Blut heraus, sondern Blätter, und
er bestätigte sofort, dass die Antilope
gefälscht war.

Dann sah er sich um und sah die
Netze. Das machte ihn sehr wütend.

Bei einem zweiten Blick bemerkte
er den Hund, der verzweifelt versuchte
zu erklären, was passiert war. Der

Jäger war jedoch zu wütend, um es ihm anzuhören. Er erschoss den Hund und seinen Haushalt, weil er ihn verraten hatte.

# Frage

In Anbetracht dieser Schriftstellen: Prediger 10: 8 - Wer eine Grube gräbt, wird hineinfallen; und wer eine Hecke bricht, eine Schlange soll ihn beißen.

**Galater 6: 7-** Lass dich nicht täuschen, Gott wird nicht verspottet; denn was ein Mensch sät, das wird er auch ernten.

Was denkst du, ist die Moral von dieser Geschichte?

# Timpson und sein Welpe

Es war einmal ein Junge namens Timpson, der hatte von seinem Vater einen sehr guten Welpen bekommen.

    Der Welpe hätte ein Vermögen verursacht, wenn sein Vater beschlossen hätte, es zu verkaufen.

Timpson liebte den Welpen und fütterte ihn den ganzen Tag mit Milch. Er tut nichts, ohne seinen schönen Welpen an seiner Seite zu haben.

Eines Tages beschloss Timpson, zum ersten Mal einen langen Spaziergang mit seinem schönen Welpen zu machen. Die ersten Leute, die Timpson mit seinem Welpen sahen, beschlossen jedoch, ihn aus Neid ein Ferkel zu nennen.

Als er näher kam, sagten sie: "Oh Timpson, was für ein hübsches Ferkel hast du da?".

Als Timpson ihren Kommentar hörte, teilte er ihnen mit, dass es sich um einen Welpen und nicht um ein Ferkel handele, aber sie bestanden darauf, dass es sich um ein Ferkel handele.

Als Timpson weiterging, traf er eine andere Gruppe von Leuten, die dasselbe wiederholten: „Ah Timpson, was für ein schönes Ferkel du da hast".

Dies veranlasste Timpson, seinen Welpen noch einmal anzusehen und zu sagen: "Dies ist ein Welpe und kein Ferkel" und ging weg.

Als sie zu den nächsten Leuten kamen, wiederholten sie das Gleiche, als wäre es gut einstudiert worden, Timpson zu frustrieren.

Zu diesem Zeitpunkt begann Timpson zu bezweifeln, ob sein Welpe wirklich ein Welpe ist.

Also beschloss er, den Welpen auf der Straße zu lassen, ohne auf das Bellen des Welpen zu achten.

Als er ohne den Welpen nach Hause kam, war sein Vater überrascht und fragte Timpson, wo er seinen Welpen gelassen habe, doch zur Verwirrung seines Vaters antwortete

Timpson, dass er keinen Welpen habe, es sei die ganze Zeit ein Ferkel.

Der Vater war schockiert, als er Timpsons Ausbruch hörte. Er packte Timpson an der Hand und zeigte ihm die Mutter des Welpen, die ein deutscher Schäferhund ist. Aber Timpson bestand darauf, dass es ein Schwein war.

Sein Vater konnte seinen Ohren nicht trauen. Timpson erklärte nun, was die Leute über seinen Welpen sagten und er hatte keine andere Wahl, als es zu glauben, da dies das erste Mal war, dass er den Welpen für einen langen Spaziergang mitnahm.

Als sein Vater das hörte, musste er Timpson an die Stelle ziehen, an der er den armen Welpen verlassen hatte.

Was sie jedoch herausfanden, war verblüffend. Wissen Sie, dass die gleichen Leute, die den Welpen ein Ferkel nannten, den Welpen alle umgaben und seine Schönheit bewunderten?

Leider konnten Timpson und sein Vater nicht in die Menge eindringen, um den Welpen abzuholen, da die Menge bereit war, jeden zu schlagen, der versucht, "ihren" Welpen zu stehlen.

- Die Moral der Geschichte ist es, das zu schätzen, was Sie haben.
- Lassen Sie sich nicht von anderen täuschen.

- Lassen Sie sich nicht von der Menge draußen, sei es von Freunden, Gleichaltrigen usw., von Werten abbringen, die Ihre Eltern in Sie gesteckt haben.

**1 Petrus 5: 8** sagt: Sei nüchtern, sei wachsam; denn dein Widersacher, der Teufel, geht wie ein brüllender Löwe umher und sucht, wen er verschlingen kann.

CPSIA information can be obtained
at www.ICGtesting.com
Printed in the USA
BVHW092152260722
643049BV00007B/348